JOYCE MEYER

Sanidad para el corazón herido

CASA
CREACIÓN

Sanidad para el corazón herido por Joyce Meyer
Publicado por Casa Creación
600 Rinehart Road, Lake Mary, Florida 32746
www.casacreacion.com

Edición en español, Copyright © 2014
por Casa Creación
Todos los derechos reservados

This edition published by arrangement with
FaithWords, New York, New York, USA. All rights
reserved.

Traducción: Ernesto Giménez
Diseño de portada: Vincent Pirozzi
Director de diseño: Justin Evans

Visite la página web de la autora:
www.joycemeyer.org

Nota de la editorial: Aunque la autora hizo todo lo
posible por proveer teléfonos y páginas de internet
correctas al momento de la publicación de este
libro, ni la editorial ni la autora se responsabilizan
por errores o cambios que puedan surgir luego de
haberse publicado.

Library of Congress Control Number: 2014948872
ISBN: 978-1-62136-956-1
E-book ISBN: 978-1-62998-319-6

Impreso en los Estados Unidos de América
16 17 18 19 20 * 8 7 6 5 4 3

CONTENIDO

INTRODUCCIÓN:
LA PALABRA DE DIOS

❧❦❧

"Envió su palabra, y los sanó, y los libró de su ruina".

SALMO 107:20

La Palabra de Dios nos sana y rescata. También nos transforma y a nuestras vidas.

La Palabra de Dios *te* va a cambiar.

En el Salmo 1:1-3 David escribió que la persona que medita en la Palabra día y noche será como árbol plantado junto a corrientes de aguas, y todo lo que hace prospera.

Estar firmemente plantados es ser estables. Usted puede ser estable y que todo lo que hace puede prosperar. La manera de hacerlo es mediante la meditación en la Palabra de Dios.

Meditar en la Palabra significa repetirla una y otra vez en la mente, reflexionar y pensar en ella, y murmurarla para uno mismo, como Jehová lo mandó a su siervo Josué:

"Nunca se apartará de tu boca este libro de la ley, sino que de día y de noche meditarás en él, para que guardes y hagas conforme a todo lo que en él está escrito; porque entonces harás prosperar tu camino, y todo te saldrá bien".

Josué 1:8

En Deuteronomio 30:14 se nos dice: "Porque *muy cerca de ti está la palabra, en tu boca y en tu corazón, para que la cumplas*".

En Isaías 55:11 el Señor promete: "*Así será mi palabra que sale de mi boca; no volverá a mí vacía, sino que hará lo que yo quiero, y será prosperada en aquello para que la envié*".

En 2 Corintios 3:18 el apóstol Pablo nos enseña que cuando contemplamos la gloria del Señor en su Palabra, somos transformados o cambiados. Parte de contemplar la gloria del Señor es ver el glorioso plan que Él tiene preparado para nosotros, y creer en Él.

Dios nos ama, y Él tiene un plan glorioso para nuestras vidas. En el primer capítulo de Efesios Pablo dice que Dios ideó todo el plan de salvación a través de Cristo, a fin de satisfacer el intenso amor con que nos amó.

Eso significa que Dios nos ama y tiene un plan maravilloso y glorioso para nosotros y para nuestra vida, y esto es algo que tenemos que creer y confesar.

El diablo ha tratado de arruinar el plan de Dios. Él ha trabajado toda su vida para que usted se sienta inútil. ¿Por qué? Porque él no quiere que usted crea que es amado tiernamente por Dios. Satanás sabe que oír la Palabra de Dios una y otra vez, y permitir que esta se convierta en parte de su vida y sus pensamientos transformará su vida, y él no quiere que eso suceda.

Por eso he escrito este libro. En él encontrará pasajes bíblicos que lo ayudarán a cambiar la imagen que usted tiene de usted mismo, transformando tanto su presente como su futuro.

Según la Biblia, usted ha sido creado a imagen de Dios (Gn. 1:27.) Creer lo que Dios dice acerca de usted cambiará su actitud y la opinión que tiene de sí mismo. Pregúntese: "¿Qué pienso de mí mismo? ¿Cuál es mi opinión de mí mismo?". Y luego pregúntese: "¿Qué piensa Dios de mí? ¿Qué opina Dios de mí?".

Lo que Dios piensa y dice de usted se encuentra en su Palabra. Las confesiones bíblicas en este libro le harán llegar a un acuerdo con Dios en vez de con el enemigo. Tal vez el diablo le ha mentido toda su vida, y usted le ha creído. Ahora es el momento de creer en Dios.

En Juan 17:17 Jesús dice que la Palabra de Dios es la verdad, y en Juan 8:32 dice que es la verdad que nos hará libres. Y esta Palabra de Dios, la Palabra de verdad, no solo nos hará libres, sino que cambiará nuestra perspectiva y nuestra naturaleza. Es por eso que debemos leerla, estudiarla, y meditar en ella, permitiendo que se arraigue en nosotros.

En Cristo usted puede ser llamado: "confianza", "alegría", "vencedor", "amigo de Dios", y "buscador del rostro de Dios".[1]

Declare sobre usted mismo lo que Dios dice de usted en su Palabra. Al hacerlo, Dios comenzará a trabajar en su vida. Usted dejará de sentirse desesperanzado, herido y atemorizado, y pasará a ser un amigo fiel de Aquel que lo ama, y que lo ama mucho.

En Isaías 61:1-3 leemos:

> "El Espíritu de Jehová el Señor está sobre mí, porque me ungió Jehová; me ha enviado a predicar buenas nuevas a los abatidos, a vendar a los quebrantados de corazón, a publicar libertad a los cautivos, y a los presos apertura de la cárcel. a proclamar el año de la buena voluntad de Jehová, y el día de venganza del Dios nuestro; a consolar a todos los enlutados; a ordenar que a los afligidos de Sion se les dé gloria en lugar de ceniza, óleo de gozo en lugar de luto, manto de alegría en lugar del

espíritu angustiado; y serán llamados
árboles de justicia, plantío de Jehová,
para gloria suya".

Dios lo está cambiando a usted. Está
cambiando su carácter. Está cambiando
su vida. Dios lo ama. Usted es una persona especial. El enemigo no quiere que
usted se sienta amado. Pero Dios sí.

En las siguientes páginas usted aprenderá
no solo cómo tener seguridad del amor de
Dios, sino también cómo tener seguridad
de su futuro, cómo saber que usted ha sido
justificado (lo que usted es en Cristo), y
cómo superar el miedo que lo priva de
todas las bendiciones que Dios desea de-
rramar sobre usted como parte de la maravillosa vida que Él le tiene planificada.

Que Dios lo bendiga a medida que usted
aprende a proclamar su Palabra, ¡para que
esta no regrese a Él vacía, sino que cumpla
su voluntad y propósito en su vida!

CAPÍTULO 1:
EXPERIMENTE EL AMOR DE DIOS

"Antes, en todas estas cosas somos más que vencedores por medio de aquel que nos amó. Por lo cual estoy seguro de que ni la muerte, ni la vida, ni ángeles, ni principados, ni potestades, ni lo presente, ni lo por venir, ni lo alto, ni lo profundo, ni ninguna otra cosa creada nos podrá separar del amor de Dios, que es en Cristo Jesús Señor nuestro".

ROMANOS 8:37-39

En este pasaje, el apóstol Pablo nos asegura que, independientemente de lo que pueda presentársenos en la vida, tenemos una abrumadora victoria asegurada por medio de Cristo, quien nos amó lo suficiente como para dar su vida por nosotros.

En Juan 3:16 Jesús mismo afirma: *"Porque de tal manera amó Dios al mundo, que ha dado a su Hijo unigénito, para que todo aquel que en Él cree, no se pierda, mas tenga vida eterna".*

Jesús lo ama personalmente; tanto, que habría dado su vida por usted aunque hubiera sido la única persona en la tierra.

Juan, el discípulo amado, nos dice que:

"En el amor no hay temor, sino que el perfecto (completo) amor echa fuera el temor; porque el temor lleva en sí castigo. De donde el que teme, no ha sido perfeccionado en el amor".

1 Juan 4:18

Amparar miedo en el corazón es una señal de que aún nos falta el conocimiento de lo mucho que Dios nos ama.

Conocer la magnitud del amor de Dios, hará que todos sus miedos desaparezcan.

En Juan 16:27 Jesús dice: *"Pues el Padre mismo os ama, porque vosotros me habéis amado, y habéis creído que yo salí de Dios".*

¿Le es difícil creer que Dios se preocupa tanto de usted?

Durante años yo fui incapaz de recibir el amor que Dios tenía para mí, porque pensaba que tenía que ser digna de su amor. Pero ahora sé que él me ama, a pesar de que aún tengo imperfecciones.

En Juan 14:21 Jesús nos recuerda: *"El*

que tiene mis mandamientos, y los guarda, ése es el que me ama; y el que me ama, será amado por mi Padre, y yo le amaré, y me [revelaré] manifestaré a él".

Jesús quiere ser real para usted.

La obediencia es el fruto del verdadero amor, pero usted nunca será capaz de amar lo suficiente para obedecer a Dios hasta que no reciba el amor que Él tiene para usted. Usted no puede ganárselo, ni puede comprarlo con buenas obras, o con un buen comportamiento.

El amor de Dios es un don gratuito e incondicional que llega a nosotros a través del sacrificio que Jesús hizo cuando murió por nosotros en la cruz.

Reciba el amor de Dios en este momento. Siéntese en su presencia y diga: "Yo creo que tú me amas, Señor, y recibo tu amor".

En 1 Juan 4:19 leemos: *"Nosotros le amamos a él, porque él nos amó primero"*. Tal vez en esto usted ha estado avanzando hacia atrás como yo lo hice durante muchos años. Tal vez está tratando de amar a

Dios lo suficiente y haciendo lo suficiente para que Él lo ame. Pero leamos de nuevo: *"Nosotros le amamos a él, porque él nos amó primero"*.

Al parecer David confiaba completamente en el amor de Dios cuando dijo en el Salmo 36:7: *"¡Cuán preciosa, oh Dios, es tu misericordia! Por eso los hijos de los hombres se amparan bajo la sombra de tus alas"*.

Me gustaría compartir con ustedes una parte del Salmo 139. David tenía una manera única de comunicarse con Dios, y haríamos bien en seguir su ejemplo. Confiese con su boca las palabras de este salmo:

> "Oh Jehová, tú me has examinado y conocido. Tú has conocido mi sentarme y mi levantarme; has entendido desde lejos mis pensamientos. Has escudriñado mi andar y mi reposo, y todos mis caminos te son conocidos. Pues aún no está la palabra en mi lengua, y he aquí, oh Jehová, tú la sabes toda. Detrás y delante me rodeaste, y sobre

mí pusiste tu mano. Tal conocimiento
es demasiado maravilloso para mí; alto
es, no lo puedo comprender. ¿A dónde
me iré de tu Espíritu? ¿Y a dónde huiré
de tu presencia? [...] ¡Cuán preciosos
me son, oh Dios, tus pensamientos!
¡Cuán grande es la suma de ellos! Si
los enumero, se multiplican más que la
arena; despierto, y aún estoy contigo".

Salmo 139:1-7, 17-18

¡Aquí hay poder!

El profeta Isaías nos dice que Dios está
esperando ser bueno con nosotros: "*Por
tanto, Jehová esperará para tener piedad
de vosotros, y por tanto, será exaltado teniendo de vosotros misericordia; porque
Jehová es Dios justo; bienaventurados
(benditos, afortunados) todos los que
confían en él*" (Isaías 30:18).

Piense en eso, Dios quiere pasar tiempo
con usted porque lo ama y porque usted
es especial para Él.

Dios le ama tanto, que Él registra

todas sus huidas y recoge cada una de sus lágrimas (ver Sal. 56:8).

En Juan 14:18 Jesús les dice a sus discípulos: *"No os dejaré huérfanos [desamparados, desolados, desconsolados]; vendré [regresaré] a vosotros"*.

En el Salmo 27:10 David escribió: *"Aunque mi padre y mi madre me dejaran, con todo, Jehová me recogerá [me adoptará como su hijo]"*.

Tal vez usted carece del amor natural que cada persona desea y busca, o hasta su propia familia lo ha abandonado. Dios quiere que usted sepa que su amor por usted es tan fuerte y tan poderoso, que prevalecerá sobre la pérdida del amor de otra persona. Deje que Él lo consuele y sane su corazón quebrantado.

Usted ha sido adoptado en la familia de Dios. Es su hijo y Él lo ama.

En Efesios 3:17-19 el apóstol Pablo ora por usted y por mí:

"Para que habite Cristo por la fe en vuestros corazones, a fin de que, arraigados y cimentados en amor, seáis plenamente capaces de comprender con todos los santos [el pueblo consagrado de Dios, la experiencia de ese amor] cuál sea la anchura, la longitud, la profundidad y la altura, y de a conocer el amor de Cristo, que excede a todo conocimiento, para que seáis llenos de toda la plenitud de Dios".

Sí, Dios lo ama, y cuida de usted, y Él mantiene sus ojos en usted constantemente. Isaías 49:16 dice que Él lo tiene esculpido en las palmas de sus manos.

En Juan 15:9, Jesús dijo: *Como el Padre me ha amado, así también yo os he amado; permaneced en mi amor*".

¿Cuánto lo ama Dios?

"Nadie tiene mayor amor que este, que uno ponga su vida por sus amigos".

Juan 15:13

Jesús quiere ser su amigo. Él dio su vida por usted, a fin de mostrarle lo mucho que lo ama.

En Romanos 5:6 Pablo nos recuerda: *"Porque Cristo, cuando aún éramos débiles, a su tiempo murió por los impíos"*.

En el momento justo, Dios mostró su gran amor por nosotros al enviar a Cristo a morir por nosotros cuando todavía éramos pecadores.

Luego en el versículo 7, Pablo continúa diciendo: *"Ciertamente, apenas morirá alguno por un justo; con todo, pudiera ser que alguno osara morir por el bueno"*.

Finalmente, en el versículo 8, Pablo concluye: *"Mas Dios muestra su amor para con nosotros, en que siendo aún pecadores, Cristo murió por nosotros"*.

Así es, amigo y amiga, Dios le ama mucho. El Espíritu Santo está tratando de revelarle el amor que Dios tiene por usted. Abra su corazón y reciba el amor de Dios. Él le acepta en medio de su situación. Jamás le rechaza y nunca le condena (ver Jn. 3:18).

En Efesios 1:6 Pablo dice que somos aceptos por Dios por medio del Amado, el Señor Jesucristo. Nuestra propia capacidad de ser perfectos no es lo que nos hace aceptables. Solo a través de Cristo es que somos lo suficientemente justos para llegar al Padre.

La Biblia dice en Efesios 1:7: *"Por la muerte de Cristo en la cruz, Dios perdonó nuestros pecados y nos liberó de toda culpa. Esto lo hizo por su inmenso amor. Por su gran sabiduría y conocimiento"* (TLA).

Y en Isaías 54:10 se nos dice: *"Porque los montes se moverán, y los collados temblarán, pero no se apartará de ti mi misericordia, ni el pacto de mi paz se quebrantará, dijo Jehová, el que tiene misericordia de ti"*.

En 1 Corintios 1:9 Pablo nos recuerda que "fiel es Dios (confiable, fiable, y por lo tanto cumplidor de sus promesas)". Él ha prometido que nunca le rechazará mientras usted crea en Cristo. Él también ha prometido que le amará, y Él cumple sus promesas.

En Juan 17:9-10 Jesús mismo dice que está orando por usted porque usted le pertenece. Usted le fue entregado a él por Dios, y Él es glorificado a través de usted.

DIOS LE AMA. RECIBA ESE AMOR.

Confiese con el salmista David:

> "Bendice, alma mía, a Jehová, y bendiga todo mi ser su santo nombre. Bendice, alma mía, a Jehová, y no olvides ninguno de sus beneficios. Él es quien perdona todas tus iniquidades, el que sana todas tus dolencias; el que rescata del hoyo tu vida, el que te corona de favores y misericordias".
>
> Salmo 103:1-4

Los versículos 5-6, 8, 11-13, 17, David le dice al Señor:

> "El que sacia de bien tu boca de modo que te rejuvenezcas como el águila. Jehová es el que hace justicia y derecho a todos los que padecen violencia. [...] Misericordioso y clemente

es Jehová; lento para la ira, y grande en misericordia. [...] Porque como la altura de los cielos sobre la tierra, engrandeció su misericordia sobre los que le temen. Cuanto está lejos el oriente del occidente, hizo alejar de nosotros nuestras rebeliones. Como el padre se compadece de los hijos, se compadece Jehová de los que le temen".

Pedro nos dice que el amor cubre una multitud de pecados (l P. 4:8.) El amor de Dios le está cubriendo. Viva bajo esa cubierta. Permita que bendiga su vida. Confiese una y otra vez, muchas veces al día: "Dios me ama".

Medite en las citas que ha leído en este capítulo. Esta acción obediente de su parte le ayudará a recibir del Señor lo que Él desea darle: la seguridad de su amor abundante y permanente.

Ahora me gustaría compartir algunas citas de las Escrituras sobre el gran futuro que Dios ha planificado para usted. Quiero que sepa que usted es valioso y que Dios tenía un propósito especial en mente cuando le creó.

En la canción titulada, "I Have a Destiny" [Tengo un destino], el compositor declara que tiene un destino que sabe que va a cumplir, ya que ha sido predestinado por Dios para ello, quien lo eligió y obra poderosamente a través de él por el poder de su Espíritu. Termina con la emotiva declaración: "Tengo un destino, y no es un deseo vacío porque sé que nací para ese momento, para ese momento, para vivir ese momento".[1]

¿Y cómo vislumbra usted el futuro?

Dios quiere que usted esté lleno de esperanza, pero el diablo quiere todo lo contrario. Dios quiere que usted espere que ocurran cosas buenas en su vida todos los días. Satanás también quiere que usted espere cosas, pero que esas cosas sean fatalidad y devastación.

El autor de Proverbios 15:15 dice: "*Todos los días del afligido son difíciles; mas el de corazón contento tiene un banquete continuo*".

Muchas veces nuestra propia mente nos angustia haciéndonos esperar que ocurran cosas malas antes de que estas lleguen. Este pasaje dice claramente que es a través de estos malos presentimientos que nuestros días terminan llenos de aflicción.

En el Salmo 27:13 David dice: "*Hubiera yo desmayado, si no creyese que veré la bondad de Jehová en la tierra de los vivientes*". Y en el siguiente versículo nos exhorta: "*Aguarda a Jehová; esfuérzate, y aliéntese tu corazón; sí, espera a Jehová*".

En Jeremías 29:11 el Señor revela sus intenciones para nosotros: "*Porque yo sé los pensamientos que tengo acerca de* vosotros, dice Jehová, pensamientos de paz, y no de mal, para daros el fin que esperáis".

Recuerde que el diablo quiere que usted se quede sin esperanza. Él quiere que usted luzca sin esperanza, que piense sin esperanza, que hable sin esperanza, y que actúe sin esperanza.

Pero escuche estas poderosas palabras de David plasmadas en el Salmo 42:11: "¿Por qué te abates, oh alma mía, y por qué te turbas dentro de mí? Espera en Dios; porque aún he de alabarle, salvación mía y Dios mío".

Guardar textos como este en su corazón le ayudará a llenarse de esperanza y de una gozosa expectativa. Usted lucirá con esperanza, pensará con esperanza, hablará con esperanza, y actuará con esperanza.

En Romanos 5:5 el apóstol Pablo nos dice que "la esperanza no avergüenza; porque el amor de Dios ha sido derramado en nuestros corazones por el Espíritu Santo que nos fue dado".

En otras palabras, sabemos que Dios nos ama porque el Espíritu Santo nos lo da a conocer. Ponemos nuestra esperanza en Dios porque estamos seguros de que Él nos ama y tiene un gran futuro planificado para nosotros. Y si nuestra esperanza y expectativas están en Él, jamás terminaremos decepcionados, engañados, o avergonzados.

En el Salmo 84:11 leemos: *"Porque sol y escudo es Jehová Dios; gracia y gloria dará Jehová. No quitará el bien a los que andan en integridad"*.

En Filipenses 1:6 Pablo nos asegura: *"Estando persuadido de esto, que el que comenzó en vosotros la buena obra, la perfeccionará hasta el día de Jesucristo"*.

En Efesios 2:10 Pablo explica la razón de su gran seguridad:

> "Porque somos hechura suya, creados en Cristo Jesús para buenas obras, las cuales Dios preparó de antemano para que anduviésemos en ellas".

Ahora usted se puede estar preguntado: "Si Dios tiene un buen plan para mí, ¿cuando voy a verlo?".

La respuesta está en Eclesiastés 3:17: "Porque allí hay un tiempo para todo lo que se quiere y para todo lo que se hace".

Dios va a cumplir el plan y el propósito que tiene para usted en su debido momento. Su parte es simplemente hacer lo que Pedro sugiere, que es humillarse bajo la poderosa mano de Dios, quien cuando llegue el momento lo exaltará (ver 1 P. 5:6).

En Habacuc 2:2 el Señor da a su profeta una visión de su plan para el futuro, ordenándole que lo escriba para que otros puedan leerlo. Pero en el siguiente versículo, continúa diciendo: "*Aunque la visión tardará aún por un tiempo, mas se apresura hacia el fin, y no mentirá; aunque tardare, espéralo, porque sin duda vendrá, no tardará*" (Habacuc 2:3).

El autor de Hebreos 6:18-19 nos dice que estas cosas fueron escritas para que "*tengamos un fortísimo consuelo los que hemos acudido para asirnos de la esperanza puesta delante de nosotros. La cual tenemos como segura y firme ancla del alma, y que penetra hasta dentro del velo".*

Y Pablo dice que *"a los que aman a Dios, todas las cosas les ayudan a bien, esto es, a los que conforme a su propósito son llamados"* (Ro. 8:28). Más tarde, en su carta a la iglesia de Éfeso, Pablo nos recuerda que tenemos un propósito, al decirnos: *"Y a Aquel que es poderoso para hacer todas las cosas mucho más abundantemente de lo que pedimos o entendemos..."* (Ef. 3:20).

Dios quiere que usted tenga plena esperanza, porque Él está dispuesto a hacer cosas aún más grandes de las que usted puede esperar. Pero si usted no tiene esperanza, que es precisamente lo que el diablo desea, entonces no está haciendo la parte que Dios le ha pedido que haga, que es poner su esperanza y expectativas en Él, creyendo que Él tiene un buen plan para su vida, y confiando en que el plan está en proceso de hacerse realidad.

En Efesios 1:11 Pablo dice del Señor Jesús: "*En él asimismo tuvimos herencia, habiendo sido predestinados conforme al propósito del que hace todas las cosas según el designio de su voluntad*".

Recuerde el mandato de Dios a su siervo en Josué 1:8: "*Nunca se apartará de tu boca este libro de la ley, sino que de día y de noche meditarás en él, para que guardes y hagas conforme a todo lo que en él está escrito; porque entonces harás prosperar tu camino, y todo te saldrá bien*". Recuerde también Deuteronomio 30:14, que dice: "*Porque muy cerca de ti está la palabra, en tu boca y en tu corazón, para que la cumplas*".

En Isaías 55:11 el Señor nos afirma que confesar su Palabra ayudará a que sus propósitos se cumplan en nuestras vidas: "*Así será mi palabra que sale de mi boca; no volverá a mí vacía, sino que hará lo que yo quiero, y será prosperada en aquello para que la envié".*

Entréguele su boca a Dios, para que esta se convierta en su boca. Comience a declarar su Palabra, porque Él tiene un buen futuro, un buen propósito, y un buen plan para usted. Hable de acuerdo con Dios, no de acuerdo con el enemigo.

Recuerde que todos tenemos un destino divino.

¿Cómo cree usted que será su futuro? El diablo quiere que piense que va a estar cada vez peor en lugar de mejorar. Él quiere que usted medite en lo lejos que tiene que ir, y no en lo lejos que ha llegado.

¿Se siente frustrado con usted mismo o siente que nunca va a cambiar? Tenga esperanza, porque Dios lo está cambiando constantemente. Su Palabra está obrando poderosamente en usted.

Deuteronomio 7:22 nos recuerda que Él poco a poco nos ayuda a vencer a nuestros enemigos.

En 2 Corintios 3:18 Pablo dice que a medida que contemplamos al Señor en su Palabra, somos transformados a su imagen, *"de gloria en gloria"*.

Luego, en Romanos 12:2 se nos dice que somos transformados a través de la renovación de nuestras mentes; y mediante estos nuevos pensamientos, ideales y actitudes, probamos por nosotros mismos cuál es *"la buena voluntad de Dios, agradable y perfecta"*.

En Colosenses 1:27 Pablo dice que el misterio de las edades es Cristo en nosotros, la esperanza de gloria. Su Padre celestial le ve glorificado. Tan es así, que Él envió a su Espíritu a morar en usted para asegurarse de que así fuera.

Yo defino la palabra "gloria" como la manifestación de todas las excelencias de nuestro Dios. Ponga su esperanza en Él y crea que todas estas palabras escritas son para usted.

Aprenda a hacer confesiones llenas de fe, positivas, y bíblicas. Diga en voz alta:

estoy siendo "transformados de gloria en gloria en la misma imagen" (2 Co. 3:18) "Cristo en mí es mi esperanza de ser más glorioso. El Espíritu de Dios me está transformando todos los días poco a poco. Mi vida tiene un propósito. Dios tiene un buen plan para mí".

Recuerde que según Romanos 4:17 tenemos a un Dios que *"llama"* a las cosas que no son como si fuesen.

¿QUÉ DICE DIOS EN SU PALABRA SOBRE NOSOTROS?

"Mas vosotros sois linaje escogido, real sacerdocio, nación santa, pueblo adquirido por Dios, para que anunciéis las virtudes de aquel que os llamó de las tinieblas a su luz admirable".

1 Pedro 2:9

Dios tiene la intención de mostrar, manifestar, o colocar donde puedan ser vistas, todas las obras maravillosas, virtudes y perfecciones que Él ha planificado para usted.

Aprenda a decir: "Yo soy llamado de las tinieblas a la luz gloriosa de Dios".

Tener una autoestima baja es oscuridad. Tener aversión de sí mismo es oscuridad. Pensar que no tiene valor es oscuridad.

En Malaquías 3:17 se nos dice que somos joyas del Señor, su posesión especial, su especial tesoro. Sí, usted es valioso y tiene un propósito. Usted tiene un destino. Dios tiene un plan maravilloso para su vida. Usted tiene un papel que desempeñar en la historia, pero hay que creer que lo recibirá.

Usted me dirá: "Pero Joyce, yo he fallado tantas veces. He cometido tantos errores. Sé que he decepcionado a Dios".

En Filipenses 3:13, 14 Pablo admite que aún no ha llegado a la perfección, pero también confiesa que no se da por vencido:

> "Hermanos, yo mismo no pretendo haberlo ya alcanzado; pero una cosa hago: olvidando ciertamente lo que queda atrás, y extendiéndome a lo que está delante, prosigo a la meta, al

premio del supremo llamamiento de
Dios en Cristo Jesús".

Dios tiene un buen plan para su vida. No
viva en el pasado. Escuche la Palabra del
Señor, como está escrita en Isaías 43:18-19:

"No os acordéis de las cosas pasadas,
ni traigáis a memoria las cosas antiguas. He aquí que yo hago cosa nueva;
pronto saldrá a luz; ¿no la conoceréis?
Otra vez abriré camino en el desierto,
y ríos en la soledad".

Finalmente, escuche lo que Dios le dice
en Isaías 43:25: *"Yo, yo soy el que borro
tus rebeliones por amor de mí mismo, y
no me acordaré de tus pecados".*

Dios anhela que usted alcance todo
lo que Él ha planificado para su vida. Él
quiere que disfrute al máximo de la buena
vida que le ha destinado. Él está dispuesto por su gracia y misericordia a eli-
minar todo lo que usted ha hecho mal en
el pasado. Incluso ha hecho provisión para
todos los errores que realice en el futuro.

Usted no tiene que vivir arrepentido por el pasado, ni con miedo al futuro. Dios está dispuesto a ayudarlo en todo lo que usted necesite.

Isaías 40:31 promete: *"Los que esperan a Jehová tendrán nuevas fuerzas; levantarán alas como las águilas; correrán, y no se cansarán; caminarán, y no se fatigarán".*

¡Qué maravillosa es la seguridad de la permanencia del amor de Dios y de su provisión milagrosa para cada necesidad que enfrentaremos en los días venideros!

Armado con sus maravillosas promesas y sus planes maravillosos, enfrente el futuro con esperanza y confianza, y convencido de que Él es también poderoso para hacer todo lo que había prometido (ver Ro. 4:21).

> No mire hacia atrás, mire hacia delante. Avance en la fe.

> ¡Recuerde que usted tiene un destino divino de cumplir!

CAPÍTULO 3
CONOZCA SU JUSTICIA EN CRISTO

෨෨

Ahora me gustaría compartir con usted algunas citas bíblicas relacionadas con la justicia de Dios.

La canción "I Have Been Made The Righteousness Of God" [Fui hecho justicia en Dios] habla de ser adoptados en la familia de Dios y de poder estar de pie delante de su trono como miembros de la realeza, completos en Jesús y coherederos con Él, sin pecado, comprados por su preciada sangre.[1]

Usted es la justicia de Dios en Jesucristo, como lo escribe Pablo en 2 Corintios 5:21: *"Al que no conoció pecado, por nosotros lo hizo pecado, para que nosotros fuésemos hechos justicia de Dios en Él"*.

En el Salmo 48:10 se dice del Señor: *"Conforme a tu nombre, oh Dios, así es tu loor hasta los fines de la tierra; de justicia está llena tu diestra"*.

La mano de Dios está extendida hacia usted, llena de justicia.

En 1 Corintios 1:8 el apóstol Pablo nos asegura: *"El cual también os confirmará hasta el fin, para que seáis irreprensibles en el día de nuestro Señor Jesucristo"*.

¿Sabe lo que eso significa? Significa que Dios lo ve de pie en este momento. Él lo tiene justo donde quiere que usted esté. Él está listo para defenderlo de las mentiras de Satanás, el acusador de los hermanos (Ap. 12:10).

Si usted ha puesto su confianza en Jesucristo, Dios no lo ve como culpable. Él está dispuesto a demostrar su inocencia.

En el Sermón del monte, Jesús les enseñó a sus seguidores:

> "Bienaventurados los que tienen hambre y sed de justicia, porque ellos serán saciados".
>
> Mateo 5:6

De acuerdo con Jesús, como hijo de Dios nacido de nuevo usted tiene derecho a vivir en un estado en el que disfrute del favor de Dios. Usted tiene derecho a disfrutar de la vida. Es el regalo de Dios para usted.

Comience a declarar lo siguiente: "Yo soy la justicia de Dios en Cristo Jesús".

Tal vez usted ha asumido la carga de tratar de mostrarse justo delante de Dios. Esa no es la forma en que se obtiene su justicia. La justicia, al igual que la salvación, no es un trabajo sino un regalo. Abandone su esfuerzo y aprenda a confiar en Dios para que este le imparta la justicia de Cristo.

"Echa sobre Jehová tu carga, y Él te sustentará; no dejará para siempre caído al justo" (Salmo 55:22).

En Romanos 4:1-3 Pablo habla de la justicia de Abraham:

> "¿Qué, pues, diremos que halló Abraham, nuestro padre según la carne? Porque si Abraham fue justificado por las obras, tiene de qué gloriarse, pero no para con Dios. Porque ¿qué dice la Escritura? Creyó

Abraham a Dios, y le fue contado por justicia".

Entonces, en los versículos 23 y 24 Pablo señala:

"Y no solamente con respecto a él se escribió que le fue contada, sino también con respecto a nosotros a quienes ha de ser contada, esto es, a los que creemos en el que levantó de los muertos a Jesús, Señor nuestro".

En otras palabras, lo que Pablo nos está diciendo aquí es que recibimos la justicia al creer, y no al hacer.

Cuando creemos en Jesucristo, Dios nos ve como justos. Literalmente, Él toma la decisión de vernos tan justos como Él gracias a la sangre de Jesús. Él es el Dios soberano, y Él tiene el derecho de tomar esa decisión si así lo decide.

En el primer versículo del siguiente capítulo, Pablo resume todo de esta manera: *"Justificados, pues, por la fe, tenemos paz*

*para con Dios por medio de nuestro Señor
Jesucristo*" (Ro. 5:1).

No podemos obtener la justicia a través
de nuestras propias obras infructíferas,
sino solo a través de la obra terminada
por Jesús.

En el Salmo 37:25 David escribió:
"*Joven fui, y he envejecido, y no he visto
justo desamparado, ni su descendencia
que mendigue pan*".

Creo que si los padres podemos obtener ese privilegio de presentarnos
justos delante de Dios por medio de
Cristo, nuestros hijos también pueden
adoptar esa justicia.

Los niños que son criados por padres
que se sienten culpables, condenados, y
sin valor, suelen manifestar los mismos
sentimientos de sus padres.

Del mismo modo, si los padres en-
tienden y creen que Dios los ama, que son
especiales para Él, que este tiene un buen
plan para sus vidas, y que han sido justificados por la sangre de Cristo; sus hijos

se verán afectados por la fe de sus padres, recibirán a Jesús y aceptarán todas sus promesas.

Proverbios 20:7 nos dice que: *"Camina en su integridad el justo; sus hijos son dichosos después de él"*.

Y en el Salmo 37:39 leemos: *"Pero la salvación de los justos es de Jehová, y Él es su fortaleza en el tiempo de la angustia"*.

El Señor está de su lado. Su Palabra es verdad; y promete paz, justicia, seguridad, y el triunfo sobre aquello que se le opone.

Confiese esta promesa del Señor que se encuentra en Isaías 54:17: *"Ninguna arma forjada contra ti prosperará, y condenarás toda lengua que se levante contra ti en juicio. Esta es la herencia de los siervos de Jehová, y su salvación de mí vendrá, dijo Jehová"*.

En el Salmo 34:15 David nos dice:

> "Los ojos de Jehová están sobre los justos, y atentos sus oídos al clamor de ellos".

Esto significa literalmente que Dios lo está mirando y escuchando porque Él lo ama.

Luego, en los versículos 17, 19 y 22 David continúa diciendo:

"Claman los justos, y Jehová oye, y los libra de todas sus angustias. [...] Muchas son las aflicciones del justo, pero de todas ellas le librará Jehová. [...] Jehová redime el alma de sus siervos, y no serán condenados cuantos en él confían".

Desde el momento en que usted recibe a Jesús como Salvador, está creciendo en él. Podríamos decir que está en un viaje. Mientras avanza, cometerá algunos errores. Su rendimiento puede no ser perfecto, pero si su corazón es perfecto para con el Señor, creo que Él lo considera perfecto mientras que usted hace el recorrido.

En Isaías 54:14 el Señor declara: "*La justicia te hará fuerte, quedarás libre de opresión y miedo, y el terror no volverá a inquietarte"* (DHH).

Proverbios 28:1 dice que el justo que permanece firme vivirá confiado como un león. Cuando usted sabe que es justo por medio de Cristo, cuando tiene una verdadera revelación en este aspecto, entonces no vive con miedo o terror porque la justicia produce valentía:

> "Porque no tenemos un sumo sacerdote que no pueda compadecerse de nuestras debilidades, sino uno que fue tentado en todo según nuestra semejanza, pero sin pecado. Acerquémonos, pues, confiadamente al trono de la gracia, para alcanzar misericordia y hallar gracia para el oportuno socorro".
>
> Hebreos 4:15-16

Podemos acercarnos al trono de la gracia de Dios sin temor, no por nuestra perfección sino por la de Él: *"Pues mucho*

*más, estando ya justificados en su sangre,
por él seremos salvos de la ira"* (Ro. 5:9).

Tal vez toda su vida usted se ha preguntado: "¿Qué es lo que está mal conmigo?".

Si es así, le tengo buenas noticias:
¡Usted ha sido justificado!

¡Ahora las cosas andan bien para usted!

Yo siempre animo a la gente a confesar
lo siguiente cada vez que pueda: "Puede
ser que no esté donde tengo que estar,
pero gracias a Dios no estoy donde estaba.
Estoy bien y estoy encaminado". Recuerde
que el cambio es un proceso y usted está
en ese proceso. Mientras usted está cambiando, Dios lo ve como justo.

Usted es justo. Ese es el estado que
Dios le ha conferido gracias a la sangre de
Jesús.

Y los cambios que ocurren en su vida
son una manifestación de ese estado
que Dios le ha conferido a través de la fe.
¡Gloria a Dios!

¡Esto es maravilloso!

Cuando usted recibe el amor y la justicia

de Dios, es liberado de la inseguridad y del miedo al rechazo.

En este momento deténgase y declare: "Yo soy justicia de Dios en Cristo Jesús". Le animo a empezar a declarar esta verdad varias veces todos los días.

En Romanos 14:17, el apóstol Pablo nos dice que *"el reino de Dios no es comida ni bebida, sino justicia, paz y gozo en el Espíritu Santo"*.

La justicia conduce a la paz, y la paz lleva al gozo.

Si usted ha carece de paz y alegría, tal vez ha estado careciendo de revelación en su justicia. Dios quiere bendecirlo física y financieramente.

Sin embargo, la mayoría de la gente culpable y condenada nunca recibe la verdadera prosperidad. La Biblia enseña que los justos, aquellos que saben que lo son, prosperan y viven seguros.

¿Usted sabe lo que el Señor dice de usted? En el Salmo 1:3 dice que el hombre que se deleita en la ley del Señor y sus mandamientos es como un árbol plantado junto a corrientes de agua que da su fruto a tiempo. Su hoja no cae, y todo lo que hace prospera y tiene éxito.

Medite sobre su buena relación con Dios, y no en las cosas malas que pueda haber en su vida.

Como dice en Josué 1:8: *"Nunca se apartará de tu boca este libro de la ley, sino que de día y de noche meditarás en él, para que guardes y hagas conforme a todo lo que en él está escrito; porque entonces harás prosperar tu camino, y todo te saldrá bien"*.

Recuerde que el Salmo 1:2, 3 dice que cuando usted medita día y noche en la Palabra de Dios, es como ese árbol plantado que da fruto y prospera en todo lo que hace.

Medite en la Palabra y declárela. Cuando Satanás ataque su mente, contraataque con la Palabra de Dios. Recuerde que Jesús derrotó al diablo declarando la Palabra, diciendo: *"¡Escrito está!"* (Lc. 4:4, 8, 10).

Proverbios 18:10 dice: "*Torre fuerte es el nombre de Jehová; a él correrá el justo, y será levantado*".

El Salmo 72:7 dice de los justos: "*Florecerá en sus días justicia, y muchedumbre de paz, hasta que no haya luna*". Acepte su justicia con Dios y comience a florecer en paz.

Usted puede estar pensando: "Pero ¿y dónde dejamos todas las cosas terribles que he hecho?".

Quiero recordarle lo que Dios dijo de su pueblo en Hebreos 10:16-18:

> "Este es el pacto que haré con ellos después de aquellos días, dice el Señor: Pondré mis leyes en sus corazones, y en sus mentes las escribiré […] y nunca más me acordaré de sus pecados y transgresiones. Pues donde hay remisión de éstos, no hay más ofrenda por el pecado".

En otras palabras, sus pecados han sido absolutamente cancelados junto con su penalidad.

Puesto que Jesús hizo un trabajo exhaustivo y completo, no hay nada que usted pueda hacer para compensar por sus pecados. Lo único que usted puede hacer que agrada a Dios es aceptar por la fe lo que Él quiere darle gratuitamente.

Hebreos 10:19-20 dice que a través de su sacrificio Jesús abrió un *"camino nuevo y vivo"* mediante el cual tenemos la libertad y la confianza de entrar en su presencia *"por la sangre de Jesucristo"*.

Ya no tiene por qué haber un velo de separación entre usted y Dios.

¡Qué gloriosa noticia!

Usted puede entrar libremente delante de la presencia de Dios, porque su pecado ha sido cancelado, removido y olvidado.

¡Alégrese! ¡Usted es justicia de Dios en Cristo! (2 Co. 5:21).

CAPÍTULO 4
VENZA EL MIEDO EN SU VIDA

¿Tiene temores sobre sí mismo?

En la canción "Fear Not My Child" [No temas hijo mío] el Señor dice estas palabras de la vida:

> *"No temas hijo mío*
> *Yo estoy siempre contigo.*
> *Siento cada dolor*
> *Y veo todas tus lágrimas.*
> *No temas hijo mío*
> *Yo estoy siempre contigo.*
> *Yo sé cómo cuidar*
> *aquello que me pertenece".*[1]

En 2 Timoteo 1:7 el apóstol Pablo le escribe a su joven discípulo animándolo a que no tenga miedo de ejercer su ministerio, diciéndole: *"Porque no nos ha dado Dios espíritu de cobardía, sino de poder, de amor y de dominio propio"*.

Recuerde este versículo. Memorícelo

y repítalo cada vez que sienta ansiedad y temor.

El miedo no es de Dios. Satanás es el que quiere llenar de miedo su corazón. Dios tiene un plan para su vida, y usted puede recibirlo poniendo toda su fe en Él. Pero no olvide que Satanás también tiene un plan para su vida, y ese plan lo recibe a través del miedo.

El salmista David escribió: *"Busqué a Jehová, y él me oyó, y me libró de todos mis temores"* (Sal. 34:4).

Jesús es su Libertador. Si usted anda con Él, Él le librará de todos sus temores. En Juan 14:27 Él les dice a sus asustados discípulos: *"No se turbe vuestro corazón, ni tenga miedo"*.

Esto significa que usted tiene que actuar decididamente contra el miedo. Tome hoy la decisión de no dejar que el espíritu de temor domine su vida.

En el Salmo 56:3, 4 David dice del Señor:

"En el día que temo, yo en ti confío.
En Dios alabaré su palabra; en Dios
he confiado; no temeré; ¿qué puede
hacerme el hombre?".

En Isaías 41:10 el Señor le asegura a
su pueblo: "*No temas, porque yo estoy
contigo; no desmayes, porque yo soy tu
Dios que te esfuerzo; siempre te ayudaré,
siempre te sustentaré con la diestra de mi
justicia*".

El autor de Hebreos 13:5 nos advierte
sobre luchar por posesiones y seguridad
terrenales: "[…] porque él dijo: No te des-
ampararé, ni te dejaré".

Luego en el versículo 6 continúa diciendo: "*De manera que podemos decir
confiadamente: el Señor es mi ayudador;
no temeré lo que me pueda hacer el
hombre*".

El enemigo quiere hacerle creer que
su situación actual es evidencia de que
su futuro será un fracaso, y trata de in-
fundirle miedo. Pero la Biblia nos enseña

que independientemente de cuáles sean nuestras circunstancias presentes, o de lo mal que parezca todo, nada es imposible para Dios (Mr. 9:17-23).

En Isaías 41:13 se nos dice: "*Porque yo Jehová soy tu Dios, quien te sostiene de tu mano derecha, y te dice: No temas, yo te ayudo*". Esto significa que usted no tiene que temer cuando recibe malas noticias. Mantenga su confianza en Dios. Él puede hacer que todas las cosas funcionen para su bien.

En Romanos 8:28 el apóstol Pablo nos recuerda que todas las cosas ayudan a bien a los que aman a Dios y son llamados conforme a su diseño y propósito.

En Isaías 43:1-3 leemos: "*Ahora, así dice Jehová, Creador tuyo, oh Jacob, y Formador tuyo, oh Israel: No temas, porque yo te redimí; te puse nombre, mío eres tú. Cuando pases por las aguas, yo estaré contigo; y si por los ríos, no te anegarán. Cuando pases por el fuego, no te quemarás, ni la llama arderá en ti. Porque yo Jehová, Dios tuyo, el Santo de Israel, soy tu Salvador".*

Aprenda a repetir estas palabras sobre el miedo en voz alta. Declárelas cuando esté solo. Establezca en el ámbito espiritual que usted no tiene intención de vivir con miedo. Al declarar la Palabra de Dios, usted está anunciándole al diablo que no tiene intención de llevar una vida de castigo.

Recuerde que la Biblia dice que el temor lleva en sí castigo (1 Jn. 4:18). Jesús murió para librarnos del temor, como vemos en Efesios 3:12, 13, donde Pablo nos dice que a causa de nuestra fe en Jesucristo:

> *"...tenemos seguridad y acceso con confianza (una aproximación sin reservas a Dios con libertad y sin temor) por medio de la fe en Él; por lo cual pido que no desmayéis...".*

En el Salmo 46:1-2 se nos recuerda:

> "Dios es nuestro amparo y fortaleza [poderosa e impenetrable por la

tentación], nuestro pronto auxilio en
las tribulaciones. Por tanto, no teme-
remos, aunque la tierra sea removida,
y se traspasen los montes al corazón
del mar".

En el primer capítulo del libro de Josué,
Dios anima repetidamente a Josué: *"Es-
fuérzate y sé valiente"* (v. 6), y le asegura:
*"Jehová tu Dios estará contigo en donde-
quiera que vayas"* (v. 9). Por lo tanto, usted
no tiene que tener miedo. Y el mensaje del
Señor para usted es el mismo que le dio a
Josué.

Dios está con usted. Él no lo desampa-
rará ni lo dejará (ver Heb. 13:5). El ojo de
Jehová está con usted en todo momento
(ver Sal. 33:18). Él lo tiene esculpido en la
palma de sus manos (ver Is. 49:16).

Por lo tanto, usted no debe temer. Sea
fuerte, tenga confianza, y llénese de valor.

En Mateo 6:34 Jesús les enseñó a sus
seguidores en el Sermón del Monte: *"Así
que, no os afanéis por el día de mañana,*

porque el día de mañana traerá su afán. Basta a cada día su propio mal".

En Mateo 8:23-27 leemos acerca del miedo que sintieron los discípulos al enfrentarse a la tormenta en el mar: *"Él les dijo: ¿Por qué teméis, hombres de poca fe? Entonces, levantándose, reprendió a los vientos y al mar; y se hizo grande bonanza"* (v. 26).

En Lucas 12:25, 26 Jesús afirma: *"Por mucho que uno se preocupe, ¿cómo podrá prolongar su vida ni siquiera una hora? Pues si no pueden hacer ni aun lo más pequeño, ¿por qué se preocupan por las demás cosas?"* (DHH).

Isaías 34:4, 5 dice: *"No tengas miedo, no quedarás en ridículo; no te insultarán ni tendrás de qué avergonzarte. Olvidarás la vergüenza de tu juventud y no te acordarás más de la deshonra de tu viudez, porque tu Creador te tomará por esposa. Su nombre es Señor todopoderoso; tu redentor es el Dios Santo de Israel, el Dios de toda la tierra"* (DHH).

Y en Isaías 35:4 leemos: *"Decid a los de corazón apocado: Esforzaos, no temáis; he aquí que vuestro Dios viene con retribución, con pago; Dios mismo vendrá, y os salvará"*.

Pídale a Dios que fortalezca su hombre interior, que su fuerza y poder lo llenen, y que usted no caiga en la tentación de ceder al miedo (Ef. 3:16).

Me gustaría compartir con usted una importante revelación que Dios me dio concerniente al miedo. Cuando el Señor le habla a través de su Palabra y le dice: "¡No temas!", Él no le está mandando a no sentir miedo. Lo que Él está diciendo es: "Cuando sientas miedo, es decir, cuando el diablo te quiera atemorizar, no te retraigas o huyas. Más bien, sigue adelante a pesar del miedo".

Durante muchos años yo pensaba que era una cobarde porque sentía miedo. Ahora sé que la manera de superar el miedo es enfrentándolo, confrontándolo, y haciendo lo que Dios me ha pedido que haga, incluso si al hacerlo siento miedo.

En el Salmo 34:4, David dice del Señor: *"Busqué a Jehová, y él me oyó, y me libró de todos mis temores"*. Y Juan nos recuerda: *"En el amor no hay temor, sino que el perfecto amor echa fuera el temor; porque el temor lleva en sí castigo. De donde el que teme, no ha sido perfeccionado en el amor"* (1 Jn. 4:18).

Recuerde: ¡Dios le ama! Y porque Él le ama y se preocupa por usted con un amor perfecto, usted puede vivir sin temor.

Tal vez usted tiene tantos temores en su vida en este momento que vivir libre del miedo pareciera un sueño imposible. Si es así, hay algo que es necesario recordar: Dios puede librarle completamente de cualquier problema ahora, pero a menudo lo hace poco a poco. Por lo tanto, alégrese de que el Señor está obrando en usted. Dios ha comenzado una buena obra en usted, y Él **la completará** (Flp. 1:6).

"Jehová es mi luz y mi salvación; ¿de

quién temeré?", pregunta el salmista en el capítulo 27, versículo 1. "Aunque los perversos me ataquen y traten de destruirme, aunque mis enemigos me ataquen, serán ellos los que tropiecen y caigan. No tendré miedo aunque todo un ejército me rodee. *Confiaré en Dios*" (v. 2, 3, PDT).

En los versículos 5 y 6 de ese mismo pasaje David continúa diciendo que cuando lleguen los problemas, Dios lo ocultará de ellos. Él lo pondrá en una roca en alto, fuera del alcance de todos sus enemigos. Luego dice que traerá sacrificios al Señor y cantará alabanzas con gran júbilo.

Lo que Dios hizo por el rey David, también lo hará por usted. Ponga su fe en el Señor. Él tiene el poder de librarle de todo temor.

Preste atención a las palabras que el ángel del Señor le dijo a Daniel, asegurándole que sus oraciones habían sido escuchadas: "Daniel, no temas; porque desde el primer día que dispusiste tu corazón a entender y a humillarte en la presencia de tu

Dios, fueron oídas tus palabras; y a causa de tus palabras yo he venido" (Dn. 10:12).

El diablo tratará de convencerle de que Dios no ha escuchado su oración y de que no le contestará. Recuerde que la Palabra de Dios es la espada del Espíritu (Ef. 6:17). Con la espada de la Palabra usted puede derrotar al enemigo. Guarde la Palabra en su corazón, y medite en ella día y noche.

La Palabra de Dios es lo único que usted necesita para derrotar al enemigo. Solo conociendo la Palabra de Dios será capaz de reconocer las mentiras de Satanás. Confiese la Palabra de Dios, y esta le llevará a un lugar de victoria.

Tal vez usted a usted le da temor hablar con alguien que tiene autoridad sobre usted. Tal vez ha sido acusado de algo y está preocupados por lo que debe decir en su defensa. Escuche las palabras de Jesús en Lucas 12:11, 12: *Cuando los hagan comparecer ante [...] los gobernantes y las autoridades, no se preocupen de cómo van a defenderse o de qué van a decir, porque*

*en ese momento el Espíritu Santo les
enseñará lo que deben responder*" (NVI).

Cuando se sienta tentado a ceder ante
el miedo, repita el Salmo 23:1-6 como una
confesión de fe en el Señor, como la provisión que Dios tiene para usted, y como
un recordatorio de su cuidado continuo:

"Jehová es mi pastor; nada me faltará.
En lugares de delicados pastos me hará
descansar; junto a aguas de reposo me
pastoreará. Confortará mi alma; me
guiará por sendas de justicia por amor
de su nombre. Aunque ande en valle
de sombra de muerte, no temeré mal
alguno, porque tú estarás conmigo;
tu vara y tu cayado me infundirán
aliento. Aderezas mesa delante de mí
en presencia de mis angustiadores;
unges mi cabeza con aceite; mi copa
está rebosando. Ciertamente el bien y
la misericordia me seguirán todos los
días de mi vida, y en la casa de Jehová
moraré por largos días".

CONCLUSIÓN:
¡PERMANEZCA FIRME!

❧❧❧

En este libro estoy compartiendo con usted pasajes sobre el amor de Dios, el glorioso futuro que Él ha planificado para usted, su justicia en Cristo, y la liberación del miedo.

Todas las promesas registradas en estas citas son su herencia como siervo del Señor. Sin embargo, es necesario que usted esté al tanto de que el diablo tratará de robarle esa herencia. Él quiere que usted caiga nuevamente en la esclavitud.

Es por ello que el apóstol Pablo nos dice en Gálatas 5:1: *"Estad, pues, firmes en la libertad con que Cristo nos hizo libres, y no estéis otra vez sujetos al yugo de esclavitud"*.

Algunas de las claves para una vida cristiana victoriosa son la constancia, la paciencia y la resistencia:

> "No pierdan, pues, su confianza, porque ella les traerá una gran

recompensa. Ustedes necesitan tener
fortaleza en el sufrimiento, para
hacer la voluntad de Dios y recibir así
lo que él ha prometido".

Hebreos 10:35-36, DHH

El Padre celestial quiere que usted disfrute plenamente lo que Él compró para
usted por medio de la sangre de Jesucristo. Hágalo. Tome ahora la decisión
de no rendirse. Declare los pasajes de la
siguiente sección hasta que se estos lleguen a formar parte usted mismo.

Recuerde siempre que Dios le ama, y
que hay vida en su Palabra.

DECLARACIONES DE
LAS ESCRITURAS

Introducción:
La Palabra de Dios

Dios envía su palabra y me sana, y me libra de su ruina y de la destrucción (ver Salmo 107:20).

Bienaventurado (feliz, afortunado, próspero, envidiable) soy porque que no ando en consejo de malos [siguiendo sus planes y propósitos], ni estoy [de manera sumisa y sin hacer nada al respecto] en camino de pecadores, ni en silla de escarnecedores [y burladores] me he sentado [relajado y despreocupado]; sino que en la ley de Jehová (sus preceptos, enseñanzas, e instrucciones) tengo delicia, y en su ley medito (la estudio) de día y de noche. Soy como árbol plantado junto a corrientes de aguas, que da su fruto en su tiempo, y su hoja no cae; y todo lo que haga, prosperará [y madurará] (ver Sal. 1:1-3).

Nunca se apartará de mi boca este

libro de la ley, sino que de día y de noche meditaré en él, para guardar y hacer conforme a todo lo que en él está escrito; y entonces harás prosperar mi camino, y todo me saldrá bien (ver Josué 1:8).

Muy cerca de mí está la palabra, en mi boca y en mi corazón, para cumplirla (ver Dt. 30:14).

Así será la Palabra de Dios que sale de mi boca; no volverá a Él vacía (sin producir efecto, sin haber sido útil), sino que hará lo que Él quiere, y será prosperada en aquello para que la envió (ver Is. 55:11).

Por tanto, yo, mirando (en la Palabra de Dios) a cara descubierta como en un espejo la gloria del Señor, soy transformado de gloria en gloria en la misma imagen, como por el Espíritu del Señor (ver 2 Co. 3:18).

Santifícame en tu verdad; tu Palabra es verdad (ver Jn. 17:17).

Y conoceré la verdad, y la verdad me hará libre (ver Jn. 8:32).

Capítulo 1:
Experimente el amor de Dios

Antes, en todas estas cosas soy más que vencedor por medio de aquel que me amó. Por lo cual estoy seguro (sin ninguna duda) de que ni la muerte, ni la vida, ni ángeles, ni principados, ni potestades, ni lo presente, ni lo por venir, ni lo alto, ni lo profundo, ni ninguna otra cosa creada me podrá separar del amor de Dios, que es en Cristo Jesús Señor mío (ver Ro. 8:37-39).

Porque de tal manera amó Dios al mundo, que [incluso] dio a su Hijo unigénito (único), para que al yo creer en Él (confíe, me aferre, dependa), no me pierda (sea destruido, perezca), mas tenga vida eterna (ver Jn. 3:16).

Pues el Padre mismo me ama [tiernamente], porque yo amo a Jesús, y creo que Él provino de Dios (ver Jn. 16:27).

Yo tengo los mandamientos de Dios y los guardo. Amo [realmente] a Jesús y por tal motivo el Padre me ama, y Jesús [también] me ama y se me manifiesta (se me revela) [Él deja que pueda verlo claramente y es real para mí] (ver Jn. 14:21).

Amo al Señor, porque Él me amó primero (ver 1 Jn. 4:19).

¡Cuán preciosa, oh Dios, es tu misericordia! Por eso me amparo bajo la sombra de tus alas (ver Sal. 36:7).

Oh Señor, has examinado mi corazón y sabes todo acerca de mí. Sabes cuándo me siento y cuándo me levanto; conoces mis pensamientos aun cuando me encuentro lejos. Me ves cuando viajo y cuando descanso en casa. Sabes todo lo que hago. Sabes lo que voy a decir incluso antes de que lo diga, Señor. Vas delante y detrás de mí. Pones tu mano de bendición sobre mi cabeza. Semejante conocimiento es demasiado maravilloso para mí, ¡es tan elevado que no puedo entenderlo! ¡Jamás podría escaparme de tu Espíritu! ¡Jamás podría huir de tu presencia!

Qué preciosos son tus pensamientos acerca de mí, oh Dios. ¡No se pueden enumerar! Ni siquiera puedo contarlos;

¡suman más que los granos de la arena! Y cuando despierto, ¡todavía estás conmigo! (ver Sal. 139:1–7, 17, 18, NTV).

Jehová [pacientemente] esperará [deseará, anhelará] [...] tener piedad de mí, y será exaltado teniendo de mí misericordia; porque Jehová es Dios justo. Bienaventurado [feliz, afortunado, envidiable] soy por confiar en Él [y por su victoria, su favor, su amor, su paz, su gozo, y su inigualable compañerismo perenne] (ver Is. 30:18).

El Señor no me dejará huérfano [desolado, desconsolado, triste, impotente]. Él vendrá [regresará] a mí (ver Jn. 14:18).

Aunque mi padre y mi madre me dejen, con todo, Jehová me recogerá [me adoptará como su hijo] (Sal. 27:10).

Por medio de la fe, Cristo mora (está establecido, tiene su hogar permanente) en mi corazón. Estoy arraigado y cimentado en el amor, y soy plenamente capaz de comprender con todos los santos [todos los que viven consagrados a Dios, la experiencia de ese amor] cuál sea la anchura,

la longitud, la profundidad y la altura, y
[…] [he llegado a] conocer [básicamente
a través de mi experiencia] el amor de
Cristo, que excede a todo conocimiento
[sin experiencia], y he sido lleno de toda
la plenitud de Dios [Tengo la mayor medida de la presencia divina, y me he con-
vertido en un cuerpo totalmente lleno de
Dios mismo] (ver Ef. 3:17–19).

Jesús me ama así como su Padre lo ama
a Él; y por lo tanto yo vivo en su amor. Y
esta es la manera en que mido su amor por
mí: nadie tiene mayor amor que el que da
su vida por sus amigos (ver Jn. 15:9, 13).

Mas Dios muestra y prueba claramente
su amor para conmigo, en que siendo
aún pecador, Cristo (el Mesías, el Ungido)
murió por mí (ver Ro. 5:8).

Tan desbordante es la bondad del Señor
para conmigo, que Él borra todos mis pecados por la sangre de su Hijo, por quien
soy salvo, y derrama sobre mí la riqueza
de su gracia; porque me conoce muy bien,

me entiende, y sabe lo que es mejor para mí en todo momento (ver Ef. 1:7).

Porque los montes se moverán, y los collados temblarán, pero no se apartará de mi su misericordia, ni el pacto de su paz se quebrantará, dijo Jehová, el que tiene misericordia de mí (ver Is. 54:10).

Fiel es Dios (confiable y cumplidor de su promesa, y por lo tanto puedo depender de Él) (ver 1 Co. 1:9).

Bendice (con alabanza de agradecimiento), alma mía, a Jehová, y bendiga todo mi ser su santo nombre. Bendice (con alabanza de agradecimiento), alma mía, a Jehová, y no olvides ninguno de sus beneficios. Él es quien perdona todas mis iniquidades, el que sana todas mis dolencias; el que rescata del hoyo mi vida, el que me corona de favores y misericordias (ver Sal. 103:1-4).

¡El Señor llena mi vida de cosas buenas! ¡Mi juventud se renueva como el águila! Él hace justicia a todos los que son tratados injustamente. Él es misericordioso y clemente con aquellos que no lo merecen; es lento para la ira y está lleno de bondad y amor. Él nunca guarda rencor ni permanece enojado para siempre, ya que su misericordia sobre los que le temen y honran es tan grande como la altura de los cielos sobre la tierra. Él ha arrojado mis pecados tan lejos de mí como lo está el oriente del occidente. Él es como un padre para mí, tierno y compasivo conmigo, porque yo lo venero. La misericordia del Señor es desde y hasta la eternidad (ver Sal. 103:5, 6, 8, 9, 11-13, 17).

La misericordia me rodea porque yo confío en el Señor (ver Sal. 32:10).

Bendeciré al Señor pase lo que pase. Constantemente hablaré de su gloria y su gracia. Presumiré de toda su bondad para conmigo. ¡Que todos los que están desanimados dejen el desánimo! Alabemos al Señor juntos, y exaltemos su nombre.

¡Clamé a Jehová y Él me respondió! Él me libró de todos mis temores. Otros también lucían radiantes por lo que Él hizo por ellos. ¡La suya no era una mirada avergonzada! Clamé al Señor y el Señor me oyó y me libró de mis angustias. El ángel del Señor guarda y defiende a todos los que temen a Dios.

¡He puesto a prueba a Dios y he visto lo bueno que es! He comprobado por mí mismo la forma en que su misericordia se derrama sobre todos los que confían en él (ver Sal. 34:1-8).

Capítulo 2:
Tenga seguridad del futuro

Todos los días de los abatidos y los afligidos son difíciles [por sus pensamientos de ansiedad y sus augurios], pero como yo tengo un corazón alegre tengo un banquete continuo [a pesar de mis circunstancias] (ver Proverbios 15:15).

¿Qué habría sido de mí si no creyera que veré la bondad del Señor en la tierra de los vivos?

Aguardo y espero en el Señor. Me siento valiente y estoy animado de corazón y de manera duradera. Sí, aguardo y espero en el Señor (ver Sal. 27:13, 14).

Sé que los pensamientos y los planes que el Señor tiene para mí son pensamientos y planes de bienestar y de paz, y no de mal, para darme esperanza en el fin que espero (ver Jer. 29:11).

¿Por qué te abates, oh alma mía? Y ¿por qué te turbas dentro de mí? Esperaré en Dios y aguardaré expectante por Él, porque aún he de alabarle, Salvación mía y Dios mío (ver Sal. 42:11).

Esta esperanza no defrauda, engaña, o me avergüenza, porque el amor de Dios ha sido derramado en mi corazón por el Espíritu Santo que me ha sido dado (ver Ro. 5:5).

Jehová es sol y escudo: Él dará gracia y gloria. Él no quitará el bien de mí porque ando en integridad (ver Sal. 84:11).

Estoy convencido y seguro de esto: el que comenzó la buena obra en mí, la seguirá hasta el día de Jesucristo [hasta el momento de su regreso], desarrollándola [esa buena obra] y perfeccionándola hasta llevarla a su plena realización en mí (ver Flp. 1:6).

Soy [la propia] hechura (la confección) de Dios, creado en Cristo Jesús [nacido de nuevo] para llevar a cabo las buenas obras que Dios preparó de antemano para mí [a través de los caminos que Él dispuso] para que yo anduviese en ellas [para que viviera la buena vida que Él preparó para mí] (ver Ef. 2:10).

Hay un tiempo [señalado] para todo, y un propósito para cada obra. Por lo tanto, me humillo bajo la poderosa mano de Dios, para que a su debido tiempo Él me puede exaltar. (ver Ec. 3:17; 1 P. 5:6).

Las cosas que Dios planifica no ocurren de inmediato. Poco a poco, de manera constante y segura, se va acercando el tiempo en el que se cumple la visión. Si parece lento, no me desespero, porque sin duda ocurrirá. ¡Simplemente seré paciente! ¡No se retrasará ni un solo día! (ver Hab. 2:3).

Tengo un fuerte estímulo porque he buscado refugio en la esperanza que ha sido puesta delante de mí. Esta esperanza es como un ancla del alma, una esperanza segura y firme (ver Heb. 6:18, 19, NVI).

No tengo miedo porque sé que [como Dios es socio de mi trabajo] todas las cosas me ayudan a bien [forman parte de un plan] porque amo a Dios y he sido llamado conforme a su propósito (ver Ro. 8:28).

Mi Dios es capaz de [llevar a cabo su propósito y] hacer todas las cosas mucho más abundantemente de lo que yo le pido o imagino [infinitamente más allá de lo que me atrevo a pedir, y más allá de mis más excelsos deseos, oraciones, pensamientos, esperanzas o sueños] (ver Ef. 3:20).

En Jesucristo también tengo una herencia (mi porción) [de parte de Dios], porque he sido predestinado (elegido y nombrado de antemano) conforme al propósito del que hace todas las cosas según el consejo y el designio de su [propia] voluntad (ver Ef. 1:11).

Este libro de la ley jamás se apartará de mi boca. Meditaré en él de día y de noche, para guardar y hacer conforme a todo lo que está escrito en él. Entonces harás prosperar mi camino, me desenvolveré sabiamente y tendré éxito (ver Jos. 1:8).

La Palabra está muy cerca de mí, en mi boca, en mi mente y en mi corazón, para que yo la cumpla (ver Dt. 30:14).

Así será la Palabra de Dios que salga de mi boca: no volverá a Él vacía [sin producir ningún efecto, sin haber sido útil], sino que hará lo que Él quiere y su propósito, y será prosperada en aquello para lo que Él la envió (ver Is. 55:11).

[Por tanto], con la cara descubierta como en un espejo, continúo contemplando [en la Palabra] la gloria del Señor. Y estoy siendo transformado constantemente en la misma imagen con un esplendor cada vez mayor, y de gloria en gloria, por la acción del Señor que es el Espíritu (ver 2 Co. 3:18).

No me conformo a este mundo (a esta época) [moldeada y adaptada a sus costumbres externas y superficiales], sino que estoy siendo transformado (cambiado) mediante la renovación de [toda] mi mente [por sus nuevos ideales y su nueva actitud], para que yo pruebe [por mí mismo] cuál es la buena y perfecta voluntad de Dios. Es decir, lo que es bueno, aceptable y perfecto [delante de Él para mí] (ver Ro. 12:2).

Dios se complace en darme a conocer cuán maravillosas son las riquezas de la gloria de este misterio, que es Cristo en mí, la esperanza de [la realización de la] gloria (ver Col. 1:27).

Así como Dios llama a las cosas que no son como si fueran, declaro que formo parte de un linaje escogido, de un sacerdocio real, una nación santa adquirida por Dios, un pueblo especial, y que estoy dispuesto a anunciar la maravillas, las virtudes y perfecciones de Aquel que me llamó de las tinieblas a su luz admirable (ver Ro. 4:17; 1 P. 2:9).

Porque soy del Señor, Él reconoce públicamente y abiertamente me declara su tesoro (su posesión especial, su joya), y me perdona como un hombre que perdona a su hijo que le sirve (ver Mal. 3:17).

Al igual que el apóstol Pablo, no pretendo haberlo alcanzado y que ya sea mío [todavía], pero una cosa hago [y esa es mi única aspiración]: olvidando lo que queda atrás, y extendiéndome a lo que está delante, prosigo a la meta para ganar el premio [supremo y celestial] al que Dios, en Cristo Jesús, me llama (ver Fil. 3:13, 14).

Yo no recuerdo las cosas pasadas ni considero las cosas antiguas. ¡He aquí que el Señor está haciendo algo nuevo! Pronto saldrá a la luz. Puedo percibirlo y sentirlo. Él incluso abrirá un camino para mí en el desierto, y ríos de agua en medio de la soledad (ver Is. 43:18, 19).

Como pertenezco a Él, el Señor borra y anula mis rebeliones, y no recordará mis pecados (ver Is. 43:25).

Porque espero al Señor [lo busco y tengo mi esperanza puesta en Él] tendré nuevas fuerzas y poder. Levantaré alas y me remontaré [cerca de Dios] como las águilas [hasta el sol]. Correré y no me cansaré, caminaré y no desmayaré (ver Is. 40:31).

Estoy plenamente convencido y seguro de que Dios es capaz y poderoso de mantener su palabra y llevar a cabo lo que Él me ha prometido, porque tengo un destino divino que cumplir (ver Ro. 4:21).

Capítulo 3:
Conozca su justicia en Cristo

Por causa de mí, Dios hizo que Cristo, que no conoció pecado, se hiciera pecado, para que en Él y a través de Él yo pudiera ser hecho [visto como, y un ejemplo de] justicia de Dios [aprobado y aceptable, y en buena posición con Él, por su bondad] (ver 2 Co. 5:21).

Como es tu nombre, oh Dios, así es tu alabanza hasta los confines de la tierra. Tu derecha está llena de justicia [y de luz] (ver Sal. 48:10, NVI).

Y Él me confirmará hasta el final [me mantendrá firme, me dará fuerzas, y será la garantía de mi vindicación. Él será mi salvaguarda contra todos denuncia o acusación] para estar culpa y ser irreprensible en el día de nuestro Señor Jesucristo (el Mesías) (ver 1 Co. 1:8).

Soy bendito, afortunado, feliz, y próspero espiritualmente (ese estado en el que el ser humano nacido de nuevo goza del favor y la salvación de Dios) porque tengo hambre y sed de justicia (mantengo una buena relación con Dios) ¡y porque seré completamente saciado! (ver Mt. 5:6).

Eché mi carga sobre el Señor [liberé el peso de la misma] y Él me sustentará. Él no dejará para siempre [constantemente] caído al justo (ver Sal. 55:22).

La Biblia también fue escrita para mí, a fin de darme a conocer que [la justicia de Dios, que me permite estar delante de Él y ser aceptado] me será concedida y abonada porque creo en Dios (confío en Él, me adhiero a Él, y dependo de Él), que resucitó a Jesús mi Señor de entre los muertos (ver Ro. 4:24).

Por lo tanto, ya que soy justificado (absuelto, declarado justo, y acepto delante de Dios) a través de la fe, recibo [el hecho de que tengo la paz de la reconciliación] paz con Dios de nuestro Señor Jesucristo (el Mesías, el Ungido) (ver Ro. 5:1).

Dado que soy una persona justa, y camino en mi integridad, mis hijos son bendecidos (felices, afortunados, envidiables) (ver Pr. 20:7).

Como alcancé justicia, mi salvación es de Jehová. Él es mi refugio y mi fortaleza segura en el tiempo de angustia (ver Sal. 37:39).

Ninguna arma forjada contra mí prosperará, y toda lengua que se levante contra mí para condenarme será desenmascarada. Esta [la paz, la justicia, la seguridad, y el triunfo sobre la oposición] es la herencia que como siervo del Señor [en quien se reproduce el Siervo ideal del Señor]; esta es la justicia o la vindicación que puedo obtener de Él [esto es lo que Él me concede como mi justificación] (ver Is. 54:17).

Gracias a que he sido justificado, los ojos del Señor están sobre mí y sus oídos atentos a mi clamor. Como justos clamé, el Señor escucha, y me libra de toda mi angustia y problemas.

Como justo muchos males me afligen, pero el Señor me libra de todos.

Como soy siervo del Señor, Él redime mi vida. Yo me refugio y confío en Él, y no seré condenado o encontrado culpable (ver Sal. 34:15, 17, 19, 22).

Voy a establecerme en justicia (en rectitud, de conformidad con la voluntad y el orden de Dios). Estaré lejos incluso de las intenciones de opresión o de destrucción, porque no temeré, y del temor, pues no se acercará a mí (ver Is. 54:14).

Gracias a que he sido [completamente] justificado, estoy confiado como un león (ver Pr. 28:1).

No tengo un sumo sacerdote que no pueda comprenderme y compadecerse de mis debilidades y mis flaquezas ante los asaltos de la tentación, sino uno que fue tentado en todo sentido como yo, pero sin pecado.

Por eso sin temor y con confianza y valentía me acerco al trono de la gracia (el trono del favor inmerecido de Dios para conmigo), para alcanzar misericordia [de mis fracasos] y hallar gracia para el oportuno socorro ante cada necesidad [la ayuda apropiada y oportuna, que llega justo cuando la necesito] (ver Heb. 4:15, 16).

Por lo tanto, si he sido justificado (lo cual me permite estar delante de Él y ser aceptado) en la sangre de Cristo, ¡ciertamente Él me salvará de la indignación y de la ira de Dios! (ver Ro. 5:9).

Bienaventurado (feliz, afortunado, próspero, y envidiable) soy yo porque no ando en consejo de impíos [siguiendo sus artimañas, sus planes y propósitos], ni ando [de manera sumisa y sin hacer nada al respecto] en camino de pecadores, ni me he sentado [relajadamente] donde los escarnecedores [los burladores] se reúnen.

Mi alegría y mi delicia está en la ley del

Señor; y en su ley (preceptos, instrucciones, y enseñanzas) medito (estudio) de día y de noche.

Voy a ser como un árbol plantado [y alimentado] por corrientes de agua, listo para dar fruto en su momento. Mi hoja no se cae o se marchita, y todo lo que hago prospera [y llega a la madurez] (ver Sal. 1:1-3).

Este libro de la ley jamás se apartará de mi boca, sino que meditaré en él de día y de noche para observar y hacer conforme a todo lo que en él está escrito. Entonces harás prosperar mi camino, y todo me saldrá bien (ver Jos. 1:8).

El nombre de Jehová es una torre fuerte, y como he sido [invariablemente] justificado [y soy acepto delante de Dios], puedo refugiarme en ella y ser levantado [del mal] (ver Pr. 18:10).

En su día [el día de Cristo] yo, que he alcanzado [invariablemente] justificación, floreceré y mi paz abundará hasta que no haya luna (ver Sal. 72:7).

Este es el pacto (el acuerdo o convenio)

que Dios ha establecido conmigo: Él ha plasmado sus leyes en mi corazón y las ha escrito en mi mente (en mis pensamientos más íntimos y en mi comprensión).

Ya Él no se acuerda de mis pecados y transgresiones.

Como ha habido una remisión absoluta (perdón y cancelación) de mis pecados, ya no tengo que hacer ninguna ofrenda para expiarlos (ver Heb. 10:16-18).

Tengo plena libertad y confianza para entrar en el Lugar Santísimo por [el poder y la virtud de] la sangre de Jesús. Por el camino fresco (nuevo) y vivo que él abrió para mí a través del velo (la cortina del Lugar Santísimo), es decir, a través de su carne (ver Heb. 10:19, 20).

A causa de mí, el que no conoció pecado [Cristo] se hizo pecado, para que por medio de Él yo pudiera ser [recibir y ejemplificar] la justicia de Dios [lo que deberíamos ser, aprobados y aceptos delante de Dios por su bondad] (ver 2 Co. 5:21).

Capítulo 4:

Venza el miedo en su vida

Porque Dios no me ha dado un espíritu de timidez (de cobardía, de temor servil y adulador), sino [que me ha dado un espíritu] de poder, de amor, de tranquilidad, de bienestar mental, de disciplina, y de dominio propio (ver 2 Timoteo 1:7).

Busqué (pregunté) a Jehová [en base a mi necesidad y en la autoridad de su Palabra], y Él me oyó, y me libró de todos mis temores (ver Sal. 34:4).

No permito que se turbe mi corazón ni que sienta miedo [no dejo que me venza el temor, ni siento cobardía] (ver Jn. 14:27).

En el día que temo, pongo mi confianza y mi dependencia en el Señor.

En Dios [y con su ayuda] alabaré su palabra. En Él me apoyo y pongo mi confianza. No temeré. ¿Qué puede hacerme el hombre, que es carne? (ver Sal. 56:3, 4).

[No tengo nada que temer] porque Dios está conmigo. No me atemorizo al ver a mi alrededor, ni quedo consternado, pues Él es mi Dios. Él me fortalecerá en las dificultades; sí, Él me ayudará. Me sostendrá con la [victoriosa] diestra de su justicia (ver Is. 41:10).

[Dios] mismo ha dicho: de ninguna manera te fallaré ni te abandonaré, ni te dejaré sin apoyo. Bajo ninguna circunstancia te desamparé (disminuiré mi poder sobre ti) [¡Ciertamente no!].

De manera que puedo decir confiadamente que el Señor es mi ayudador y no temeré [no desmayaré]. ¿Qué puede hacerme el hombre? (ver Heb. 13:5, 6).

Jehová mi Dios me lleva tomado de mi mano derecha. Él es el Señor, que me dice: ¡No temas, yo te ayudaré! (ver Is. 41:13).

No tengo miedo porque estoy seguro de que [siendo Dios mi socio en mi trabajo] todas las cosas me ayudan a bien [y forman parte de un plan divino], ya que amo a Dios y he sido llamado de acuerdo a su designio y propósito (ver Ro. 8:28).

El Señor, que me ha creado, dice: No tengas miedo, porque yo te he redimido.

Te he puesto mi nombre, eres mío. Cuando pases por aguas profundas y grandes problemas, yo estaré contigo. Cuando atravieses ríos de dificultad, ¡no te anegarán! Cuando pases por el fuego de la opresión, no te quemarás y las llamas no te consumirán. Porque yo soy el Señor tu Dios, tu Salvador, el Santo de Israel (ver Is. 43:1-3).

No tendré miedo, porque el temor lleva en sí castigo.

En lugar de ello, me atrevo a tener la osadía (el valor y confianza) de acceder libremente a Dios (acercarme a Él con libertad y sin temor).

Así que no me desanimo [ni desmayo, o me dejo vencer por el temor] (ver 1 Jn. 4:18, Ef. 3:12, 13).

Dios es mi amparo y mi fortaleza [poderoso e impenetrable para la tentación], mi auxilio presente y probado en las tribulaciones.

Por tanto, no temeré, aunque la tierra sufra cambios, y aunque las montañas se agiten en medio de los mares (ver Sal. 46:1, 2).

Me esforzaré y seré valiente. No tendré miedo, ni desmayaré, porque Jehová mi Dios está conmigo dondequiera que voy (ver Jos. 1:9).

No temeré porque el ojo del Señor está sobre mí, porque le temo [lo venero y adoro con reverencia], y porque espero en Él y en su misericordia y bondad (ver Sal. 33:18).

No me preocupo ni me afano por el mañana, porque este traerá sus propias preocupaciones y ansiedades. Basta a cada día su propio mal (ver Mt. 6:34).

No temo porque ya no me avergonzaré ni seré afrentado. La vergüenza de mi juventud y las afrentas de la viudez ya no serán recordadas, pues mi Creador será mi "marido". El Señor de los ejércitos es su nombre. Él es mi Redentor, el Santo de Israel, el Dios de toda la tierra (ver Is. 54:4).

Cuando me siento tentado a tener un corazón temeroso y apocado, me digo a mí mismo: ¡Sé fuerte, no temas! He aquí que tu Dios viene con retribución. Él mismo vendrá y te salvará (ver Is. 35:4).

No tengo miedo porque Dios me ha concedido el rico tesoro de su gloria para ser fortalecido y reforzado con gran poder en el Espíritu [Santo] [que mora en mí y se manifiesta a través de mí] (ver Ef. 3:16).

¡Bendeciré al Señor y exaltaré su nombre porque clamé a Él y Él me respondió! Él me libró de todos mis temores (ver Sal. 34:3, 4).

No tengo miedo porque en el amor no hay temor [el miedo no existe], ¡pero el amor perfecto (completo, absoluto) expulsa todo rastro de temor! Porque el temor lleva en sí castigo. No temo porque he alcanzado la madurez del amor [este ha crecido hasta convertirse en la perfección completa de amor] (ver 1 Jn. 4:18).

Jehová es mi luz y mi salvación; ¿de quién temeré? Cuando los malvados vengan a destruirme, ¡tropezarán y caerán! Sí, aunque un poderoso ejército marche contra mí, ¡mi corazón no conocerá el miedo! Estoy seguro de que Dios me salvará.

Cuando lleguen los problemas, el Señor me esconderá. Me pondrá en una roca fuera del alcance de mis enemigos. Entonces le llevaré sacrificios y entonaré alabanzas con júbilo (ver Sal. 27:1-3, 5, 6).

No temeré, porque desde el primer día que dispuse mi mente y corazón a entender y a humillarme delante de mi Dios, fueron oídas mis palabras, y Dios envió su ángel a causa de [en respuesta a] mis palabras (ver Dn. 10:12).

Cuando sea llevado a juicio ante gobernantes y autoridades, no estaré preocupado por lo que habré de decir en mi defensa, ya que el Espíritu Santo me dará las palabras correctas mientras esté parado allí (ver Lc. 12:11).

Jehová es mi pastor; nada me faltará.

Él me hace descansar en verdes pastos, y me conduce hacia aguas de reposo. Él restaura mi alma, y me guía por sendas de justicia por amor de su nombre.

Aunque ande en valle de sombra de muerte no temeré mal alguno, porque el Señor está conmigo. Su vara y su cayado me infundirán aliento.

Prepara una mesa delante de mí en presencia de mis enemigos. Unge mi cabeza con aceite; mi copa está rebosando.

Ciertamente el bien y la misericordia me seguirán todos los días de mi vida y en la casa de Jehová moraré para siempre (ver Sal. 23:1-6).

Conclusión: ¡Permanezca firme!

Yo estaré, pues, firme en la libertad con que Cristo me hizo libre, y no estaré otra vez sujeto al yugo de esclavitud (Gálatas 5:1).

No perderé mi confianza, pues esta tiene un grande y glorioso galardón.

Necesito mucha paciencia y resistencia para poder llevar a cabo plenamente y cumplir la voluntad de Dios, y así recibir [y disfrutar al máximo de] lo que me prometió (Heb. 10:35, 36).

NOTAS

INTRODUCCIÓN

1. Basado en la canción: "I Will Change Your Name", letra y música por B. J. Butler © Mercy Publishing. Usada con autorización.

CAPÍTULO 2

1. © 1993 "People of Destiny" (Admin. por WORD Music). Todos los derechos reservados. Usada con autorización.

CAPÍTULO 3

1. Letra y música por Chris Sellmeyer © 1992 por Life In The Word, Inc.

CAPÍTULO 4

1. © 1986 Some-O-Dat Music (Admin. por Word Music). Todos los derechos reservados. Usada con autorización.

SI DESEA CONTACTAR A LA AUTORA, ESCRIBA A:

Joyce Meyer Ministries—United States
P.O. Box 655
Fenton, Missouri 63026
Tel: (636) 349-0303

Joyce Meyer Ministries—Canada
Lambeth Box 1300
London, ON N6P 1T5
Canada
Tel: (636) 349-0303

Joyce Meyer Ministries—Australia
Locked Bag 77
Mansfield Delivery Centre
Queensland 4122
Australia
Tel: (07) 3349 1200

Joyce Meyer Ministries—England
P.O. Box 1549
Windsor SL4 1GT
United Kingdom
Tel: (0) 1753-831102

Visite su página web:
www.joycemeyer.org

Por favor incluya su testimonio o la ayuda
que ha representado para usted este libro.
Sus peticiones de oración son bienvenidas.

SOBRE LA AUTORA

Joyce Meyer ha enseñado la Palabra de Dios desde 1976, y se ha dedicado al ministerio a tiempo completo desde 1980. Es autora de más de cien exitosos libros inspiradores, incluyendo: *Adicción a la aprobación*, *Mujer segura de sí misma*, *Cómo oír a Dios* y *El campo de batalla de la mente*. También ha producido miles de estudios en audio, así como una biblioteca de vídeo completa. El programa de radio y televisión *Disfrutando la vida diaria*, presentado por Joyce, es difundido en todo el mundo; y ella viaja extensamente para impartir conferencias. Joyce y su esposo Dave son padres de cuatro hijos adultos y viven en la ciudad de San Luis, Misuri.